RÉLATION

D'UN ACCIDENT FATAL

ARRIVÉ

A UN VOYAGEUR

SUR LE GLACIER DE BUET,

ET

Avis aux curieux qui parcourent les montagnes, et particuliérement les glaciers.

PAR

M. A. PICTET,

Prof^r. de Philosophie ; l'un des Rédacteurs de la BIBLIOTHÉQUE BRITANNIQUE.

EXTRAITE

DU N°. 112 DE CE RECUEIL.

A

(1)

RÉLATION

D'UN ACCIDENT FATAL

ARRIVÉ

A UN VOYAGEUR

SUR LE GLACIER DE BUET.

Un sentiment de curiosité très - naturel amène de toutes les parties de l'Europe les voyageurs vers la plus haute cime de l'ancien Monde, le Mont - Blanc , et vers les glaciers qui l'avoisinent. Depuis l'ascension mémorable du savant Historien des Alpes, ces lieux ont acquis un degré nouveau d'intérêt ; le Géo- logue, le Minéralogiste, le simple amateur s'y portent à l'envi ; les femmes même y sont amplement dédommagées des fatigues de la

route par le charme du séjour au milieu d'objets absolument nouveaux pour elles, et d'une
population aimable et accueillante. Tout se
réunit pour faire de cette excursion, d'ailleurs
sans difficultés réelles, le but ordinaire de la
plupart des curieux qui visitent Genève et
ses environs.

Plus ce voyage offre d'attraits, et plus il
importe de faire connoître les dangers que
l'imprudence ou la seule inattention peuvent
y faire courir. Cette considération sera notre
excuse, si, sortant de notre règle ordinaire,
nous donnons ici des détails qui n'ont rien de
Britannique. Nous avons surtout en vue l'*Uti-
lité* ; et il y en a sans doute à signaler dans
tous les lieux où peut circuler notre Recueil,
des périls, grands quand on les ignore ou
qu'on les oublie, et presque nuls quand on
est averti et précautionné. Peut-être hélas !
si nous eussions traité ce sujet il y a quelques
semaines, aurions-nous prévenu un accident
funeste dont nous venons d'être presque les
témoins : cette réflexion ne nous permet plus
d'hésiter. Quelque habitude des montagnes
acquise, soit en y accompagnant mon illustre

collègue De Saussure, soit dans dix voyages faits aux glaciers de Chamouni en particulier, m'attireront peut-être quelque confiance de la part de ceux à qui je voudrois épargner des inquiétudes ou des dangers. Je renvoie à la fin de cet article les conseils que l'expérience m'a suggérés à cet égard, et je me hâte d'en venir à l'événement qui m'a fait prendre la plume sur ces objets.

Le Citoyen D'EYMAR, Préfet du Léman, amateur éclairé des arts, et admirateur passionné de la belle nature, s'étant proposé dernièrement de visiter les glaciers de Chamouny, Canton qui forme actuellement la limite orientale du Département qu'il administre, m'invita à l'y accompagner, et je profitai avec empressement de ses dispositions obligeantes. Nous partîmes le 19 thermidor (7 août), et nous couchâmes le premier jour à Sallenche, ainsi qu'on le fait ordinairement.

Le lendemain matin, dans la première heure de route, nous rencontrâmes un jeune homme à pied, accompagné d'un paysan qui portoit sa valise. L'air triste et préoccupé de ce voyageur nous frappa. Arrivés à Servoz, à trois

lieues de Sallenche, nous y apprimes du nom-
mé *Déville*, guide fort intelligent et expérimenté qui nous attendoit au passage, que
|« la veille au matin, un étranger, compagnon
et ami de celui que nous avions rencontré,
se trouvant avec cet ami et un guide sur le
glacier de Buët, et quelques pas en avant
d'eux, avoit disparu tout-à-coup dans une
crevasse du glacier recouverte par la neige
qui avoit manqué sous ses pieds. Arrivés au
bord de l'ouverture, dont ils ne purent appercevoir le fond, les deux survivans appe-
lèrent inutilement un grand nombre de fois
le malheureux, englouti dans cet abyme ; et
ils ne quittèrent la place que lorsqu'ils eurent
perdu à son égard toute espérance. Arrivé à
Servoz, Mr. Zimpssen (c'étoit le nom du jeune
homme que nous avions rencontré) avoit donné
à Déville, par écrit, la commission de cher-
cher à retrouver, s'il étoit possible, le cadavre
de Mr. Eschen son ami, et de le faire ense-
velir. »

Vingt-quatre heures étoient à peine écou-
lées depuis l'événement : un éclair d'espérance frappe l'ame sensible du C. d'Eymar ;

il enjoint aussitôt , et officiellement , à Déville (qui avoit paru hésiter , et non sans raison) de se munir de suite des objets nécessaires ; de partir sans perdre un instant , accompagné du nombre d'hommes dont il présumeroit avoir besoin ; et de lui rendre compte de ce qu'il auroit pu faire. Il y a au moins neuf heures de marche de Servoz au glacier en question , lequel ne fait point partie de ceux que nous allions visiter ; et nous ne pouvions connoître l'issue de la recherche qui alloit être entreprise qu'à notre passage à Servoz, au retour de Chamouni , lieu vers lequel nous continuames tristement notre route.

C'est avec regret que j'omets ici les détails du séjour que nous avons fait dans cette intéressante vallée ; ils ont eu un caractère qui les grave à jamais dans mon souvenir ; mais ils seroient étrangers à mon objet. Seulement, tand s que le brave Déville et ses compagnons sont occupés de leur entreprise , je me hasarde à suspendre quelques momens l'impatience de nos lecteurs , pour leur faire connoître le glacier de Buët , et les motifs qui peuvent y conduire les voyageurs.

A 4

C'est à MM. De Luc, frères, que les Physiciens et les Naturalistes doivent la découverte de la possibilité d'atteindre cette sommité, recouverte d'une glace éternelle. C'est une montagne isolée, située en avant de la chaine centrale à laquelle appartient le Mont-Blanc et ses glaciers, et qui en est séparée par une chaine plus basse et parallèle. On voit ce glacier depuis Genève, immédiatement à gauche du Môle ; il se présente sous la forme d'un dos-d'ane peu saillant, et qui paroît d'un accès facile. MM. De Luc y furent trompés ; et l'histoire des trois tentatives qu'ils firent pour l'atteindre, et dont la dernière seule (le 20 septembre 1770) leur réussit, est l'un des épisodes les plus intéressans qu'on puisse rencontrer dans les écrits d'aucun naturaliste. C'étoit la recherche de la loi que suit la diminution de la chaleur de l'eau bouillante à mesure qu'on s'élève dans l'atmosphère, qui les conduisoit sur cette montagne ; elle leur fit braver, à trois reprises, des difficultés et des périls de plus d'un genre, pour atteindre une sommité qui pût être considérée comme la limite des observations possibles. Honneur à

la science qui inspire ce courage persévérant,
et qui le reproduit dans les générations qui
se succèdent ! Nos hardis compatriotes ne se
doutoient guères que dix-sept ans après cette
expédition , De Saussure répéteroit leur expérience *sur le Mont-Blanc lui-même,* c'est-à-dire,
environ 850 toises plus haut qu'ils n'étoient
parvenus avec tant de fatigue et de dangers.

On a découvert, depuis quelques années,
un chemin beaucoup plus facile pour arriver
sur le Buët ou la Mortine (car il porte aussi
ce nom), que celui suivi par MM. De Luc.
C'est celui par lequel j'y suis monté deux fois,
sans éprouver de difficulté. On va coucher
aux Chalets de Villy , derniers pâturages de
la vallée qui commence à Servoz et se termine au glacier de Buët. On atteint , de Villy,
le col de Salenton , par un sentier praticable
aux mulets ; delà on attaque la montagne
par sa face méridionale et orientale ; et, en
traversant alternativement des pentes de neige
et d'ardoise, on atteint le sommet au bout
de deux heures et demie de marche. La
moyenne entre deux observations du baromètre que j'y ai faites, et dont les résultats dif-

fèrent peu, me donne 3107 mètres (1594 toises) pour sa hauteur au-dessus du niveau de la mer.

La montagne elle-même offre peu d'intérêt sous le point de vue lithologique ; elle est d'ardoise, entremêlée de filons de quartz carié, ou en façon de stalactites ; mais il n'existe, je crois, comme belvédère, rien qui puisse lui être comparé. On embrasse d'un coup-d'œil l'espace compris depuis le Jura, à l'Occident, jusqu'aux sources du Rhône à l'Orient ; et cette considération particulière m'a fait désigner cette montagne comme très-propre à recevoir des signaux, dans un projet d'une mesure d'un degré de latitude et de deux degrés de longitude dans le parallèle de Genève ; projet consigné dans un Mémoire inséré dans les *Trans. Phil. de la Soc. R. de Londres*, pour 1791 (1).

____

(1) Je ne puis mieux faire apprécier ce site qu'en transcrivant les expressions même de Mr. de Luc. (*Rech. sur les modifications de l'atmosphère* T. II. § 930 *et suiv.*)

« Il est bien difficile, dit il, de se faire entendre par des mots, lorsqu'ils ne réveillent pas des sensations éprouvées. Je ne me flatte donc pas de produire

J'eus, dans mon second voyage au Buët, le désagrément d'être constamment dans les

---

chez mes lecteurs celles que nous éprouvions alors. Le silence le plus profond régnoit dans ces lieux : on sentoit qu'ils n'étoient pas faits pour des êtres vivans : ils étoient aussi inconnus à notre guide qu'à nous mêmes. Les chamois n'y viennent point, et par conséquent aucun chasseur n'y éto it monté......"

" Ce sentiment de profonde solitude étoit un de ceux que nous démêlions le plus aisément ; mais il n'explique point notre état. Nous nous trouvions sur une immense étendue de neige dont rien n'altéroit la blancheur. Les rayons du soleil réfléchis par la neige dans la ligne qui tendoit vers cet astre, nous faisoient appercevoir combien elle étoit polie ; et l'imagination étendoit ce poli partout. Nous ne voyions absolument que cette neige et le ciel vers lequel elle se terminoit en divers replis moëlleusement arrondis, comme ces beaux nuages argentés qu'on voit quelquefois se soutenir majestueusement dans un air pur. Et voilà précisément ce qui produisoit cette sensation extraordinaire que nous éprouvions alors. Il nous sembloit réellement que nous étions suspendus dans l'air sur un de ces nuages ; et quel air ! jamais nous ne l'avions vu de cette couleur ; il étoit d'un bleu vif et foncé en même temps, qui produisoit une sensation d'immensité, qui est inexprimable....."

" Il étoit près de midi lorsque nous y arrivâmes ;

nuages pendant près de six heures que j'y demeurai. J'avois très-froid ; et pour nous réchauffer, mes guides et moi, nous nous mimes à bâtir une cabane sur l'arrête de rochers la plus voisine du sommet. Nous avions à notre

---

et tout-à-coup, en élevant notre tête au-dessus du rideau qui nous cachoit depuis long-temps la partie orientale de notre horizon, nous eumes à découvert l'immense chaîne des Alpes, dans une étendue de plus de cinquante lieues. De quel côté que nous tournassions nos regards, tout l'horison étoit couvert de montagnes. Ses bornes à l'Occident n'étoient surement que l'épaisseur de l'air ; car nous dominions assez la chaîne du Jura, distante de 13 à 14 lieues, pour découvrir au-delà les plaines de la Franche Comté et de la Bourgogne, si l'air eût été assez transparent. Au Sud Ouest notre vue s'étendoit jusqu'au Mont-Cenis ; et au Nord-Est probablement jusqu'au St. Gothard. Nous dominions de beaucoup toutes les gorges des Alpes, et il n'y avoit que quelques-uns de leurs pics qui s'élevassent au-dessus de nous. »

» Dans tout ce vaste espace où les montagnes étoient entassées, nous n'appercevions de plaine que dans un petit recoin à l'Ouest, dont Genève occupoit le milieu : et au Nord Est, nous voyions presque d'un bout à l'autre, la large vallée où coule le

disposition de grandes dalles d'ardoise ; et notre construction fut si solide , qu'elle subsiste
encore , et qu'elle a abrité plus d'un curieux
surpris par le mauvais temps.

Le glacier qui recouvre cette sommité dif-
fère de la plupart des amas de glace désignés

Rhône depuis sa chûte des montagnes jusqu'à Sion
Capitale du Valais , distante du lieu où nous étions
de 9 à 10 lieues. Tout le reste étoit hérissé de montagnes. »

» Les détails, autant que l'ensemble auroient ex-
cité l'admiration de l'homme le plus indifférent : un
seul coup-d'œil sur l'immense quantité de glaces et
de neiges qui couvrent les Alpes suffit pour tran-
quilliser le spectateur sur la durée du Rhône , du
Rhin , du Pô, et du Danube. On a le sentiment que
c'est là leur réservoir , et qu'il peut fournir à plusieurs années de sécheresse. Nous comparions , sans
qu'il fût besoin de calcul les écoulemens avec leurs
sources. . . . Ces sources ne nous paroissoient que
de petits filets d'eau en comparaison des vallées com-
blées de glace d'où elles sortoient. Le Mont - Blanc ,
qui s'élevoit au-dessus de ces vallées , paroissoit ca-
pable de fournir seul pendant très-long-temps au
cours d'une rivière , tant il étoit chargé de glace depuis son pied jusques à son sommet, c'est-à-dire ,
dans une étendue prodigieuse. . . . . »

sous ce nom, en ce que ceux - ci occupent d'ordinaire des vallées, ou des gorges, dans lesquelles les glaces ne se sont pas originairement formées, mais où elles sont descendues par leur poids, et par l'effet de la pression des glaces supérieures ; au lieu que la glace du Buët y existe parce qu'elle s'y est formée; et qu'à cette hauteur, dans notre parallèle, la neige ne fond pas en été. Cette montagne peut même servir à déterminer avec quelque précision la limite inférieure des neiges permanentes dans nos climats.

- Ainsi, par exemple, en observant depuis Genève, avec une lunette garnie d'un micromètre, l'angle verticalement compris entre le sommet du glacier et la limite inférieure de la neige, je l'ai trouvé de 16'. 14″ ; cet angle, à la distance du Buët à Genève = 58119 mètres, (29820 toises) répond à 141 toises, dont cette limite est au-dessous du sommet ; ce qui la place à 1453 toises au-dessus de la mer.

On peut se demander quelle est la *température moyenne annuelle*, à cette hauteur dans notre latitude ? Nous avons indiqué, quelque part dans notre Recueil, une formule très-

simple que De Saussure avoit conclue empiriquement d'un assez grand nombre d'observations, et qui représente assez bien la loi
du décroissement de la chaleur moyenne de
bas en haut dans l'atmosphère. Ce décroissement est *d'une centième de degré, du Th. en
80 parties, par toise d'élévation perpendiculaire.* Ainsi, cette formule appliquée à la température moyenne, au niveau de la mer dans
le parallèle de 46 degrés (latitude du Buët),
indiquée dans l'ouvrage de Kirwan sur la température du globe, savoir, 56°,4 F., soit 10,
8. R., donne pour 1453 toises 14, $\frac{53}{100}$ degrés
à déduire ; ce qui porte la température
moyenne annuelle de la limite inférieure de
la neige, dans ce parallèle, à 3,73 degrés
au-dessus de zéro (1).

Il n'est donc pas surprenant que cette mon

---

(1) J'ai eu occasion, il n'y a pas long-temps,
de discuter cette formule avec un physicien qui me
fit observer qu'elle ne pouvoit pas, par sa nature
même, être exacte; parce que la densité de l'air,
élément duquel dépend essentiellement la conservation de la chaleur dans les diverses couches de l'atmosphère, décroît en progression géométrique,

tagne soit couronnée d'un glacier puisque la neige qui y tombe dans la saison froide ne se fond jamais toute entière en été. L'eau que produit la fusion partielle de la surface s'infiltre dans la neige encore poreuse, et se congelant dans ses interstices elle la convertit peu-à-peu en glace. Ainsi, s'est formé un entassement dont Mr. De Luc cherche

à

tandis que les hauteurs en toises, qui représentent des températures décroissantes, marchent en progression arithmétique. Je convins de la justesse de l'observation, mathématiquement parlant. Mais comme, physiquement, la formule se compose de coëfficiens dont quelques-uns sont inconnus, ou inappréciables, qui donnent, en fait, à la température une marche arithmétiquement décroissante de bas en haut, il n'en est pas moins vrai que cette formule ,, toute empyrique qu'elle est, représente assez bien les résultats moyens des observations pour pouvoir être employée commodément toutes les fois qu'on n'a besoin que d'une quantité approximative : et c'étoit ici le cas. Il s'agissoit de la température moyenne du Mont St. Bernard. Le physicien, étoit Bonaparte; et le lieu de la discussion, à table, et dans l'appartement même du Savant illustre dont je cherchois à défendre la théorie et les calculs,

à estimer l'épaisseur d'après l'observation sui-
vante.

» Nous jugeames, dit-il, par la position de ces
petits rochers, plus bas d'environ 200 pieds
que la partie plus élevée de la glace, qu'ils
faisoient partie du vrai sommet de la montagne. Tout ce qui s'élevoit au-dessus n'étoit
qu'un massif de glace, en forme de cône
coupé par l'axe, de 200 pieds de haut, sur
une base très-large, posée elle-même sur
l'immense étendue de glace permanente qui
couvre toute la pente du sommet.»

Mais ce fut avec une surprise mêlée de
frémissement, que j'appris par l'événement
dont je vais achever de rendre compte, que
ce glacier, souvent visité par les voyageurs,
et parcouru deux fois par moi-même avec
une sécurité parfaite, renfermoit de ces crevasses recouvertes de neige, qui en rendent
d'autres si dangereux, quand on ne prend
pas les précautions convenables.

Pendant notre séjour à Chamouni le C.
D'Eymar apprenant que le guide qui avoit
accompagné le malheureux Eschen, habitoit
quelque part dans la vallée, le fit demander

B

pour l'interroger avec détail sur l'accident. Il arriva : son visage et toute sa contenance peignoient encore le désespoir ; mais il ne nous apprit rien que nous ne sussions déjà. C'étoit un guide pris au hasard, qui paroissoit peu connoître les montagnes, et qui cependant, nous dit-il, avoit invité Mr. Eschen, en arrivant sur le glacier, à ne pas se séparer de ses deux compagnons. Celui-ci, entraîné par cette sensation indéfinissable qu'on éprouve en atteignant les hautes cimes, et voyant au sommet du glacier, à peu de distance, deux chasseurs de chamois qui s'y reposoient, pressoit sa marche pour les joindre ; c'est alors qu'il fut englouti.

Ici nous sommes ramenés à la suite des événemens.

Nous repassames à Servoz le troisième jour au matin. On venoit d'y rapporter le cadavre du malheureux Eschen. Nous le contemplàmes avec une vive émotion, et en recherchant, avec une curiosité inquiète, à nous convaincre qu'il n'avoit pas survécu un instant à sa chùte. Nous en demeurames persuadés par les détails que nous ne tardames pas à apprendre, et en observant qu'il avoit trois des vraies côtes de chaque côté cassées, et une forte dépression du sternum; symptômes qui indiquoient qu'il avoit éprouvé la compression la plus subite et la plus violente. Il n'étoit d'ailleurs nullement défiguré; et ses traits, en harmonie parfaite, ne présentoient aucune idée de souffrance. Son passeport, trouvé sur lui avec d'autres effets, nous apprit, qu'il s'appeloit *Fréderic-Auguste* ESCHEN, né à Eutinen dans l'Evèché de Lubeck et qu'il étoit àgé de vingt-trois ans.

Le C. D'Eymar, d'après le rapport de deux Officiers de santé sur les inconvéniens qu'il y auroit à différer sa sépulture, donna les ordres nécessaires pour qu'il y fût procédé en notre présence et d'une manière convenable et décente.

Nous choisimes un emplacement qui fût nécessairement en vue des voyageurs qui vont à Chamouni, et même de ceux qui montent au glacier de Buët par la route de Servoz et Villy, d'après l'intention qui fut manifestée par le Préfet, qu'un monument élevé sur la tombe de cet infortuné jeune homme,

en consacrant la mémoire de l'événement,
avertit, par une inscription , les voyageurs, des
dangers auxquels ils s'exposent en parcourant
les glaciers sans précautions, et sans donner
aux avertissemens de leurs guides toute l'attention qu'ils méritent. Tandis qu'on faisoit
les préparatifs de la sépulture , nous inter-
rogeames avec beaucoup d'intérêt le C. Déville et ses compagnons, sur les circonstances
de leur expédition sur le glacier ; et c'est du
verbal dressé sous leur dictée que je tire les
détails qui vont suivre.

.... « En conséquence de l'ordre du C.
D'Eymar, Préfet du Léman, le C. Joseph
Marie Déville, après avoir fait forger un harpon et s'être muni de cordes, est parti, accompagné de ses deux fils, Jean Claude et
Bernard, et de Joseph Ettle aubergiste à
Servoz, pour aller sur le glacier de Buët à
la recherche de l'étranger englouti dans une
crevasse. Ils ont quitté Servoz à sept heures
du soir et ont marché toute la nuit. »

» Arrivés au point du jour sur le glacier,
ils se sont rendus immédiatement à une cabane
d'ardoise voisine du sommet, dite le *château*

Pictet, près de laquelle on leur avoit dit que l'accident étoit arrivé. Ils ont apperçu quelques signes d'une crevasse recouverte par la neige ; mais il n'y avoit pas d'ouverture. Ils ont continué la recherche, et ce n'a été qu'à deux heures après midi que Déville a trouvé dans la neige un trou presque quarré de deux pieds de côté, dont on ne voyoit pas le fond. Les environs donnoient quelques signes de l'existence d'une crevasse sous la neige. »

» Une pierre attachée à une corde, en manière de sonde, a fait reconnoître dans ce trou, à la profondeur de cent et quelques pieds, la présence d'un corps étranger à la neige ou à la glace. Alors on a descendu le harpon, qui a bien paru accrocher, mais n'a rapporté qu'un seul cheveu. Alors, le fils Bernard a proposé de se faire descendre avec une corde ; ce qui a été exécuté. Arrivé jusqu'à un terme où il n'y avoit plus que 8 pouces de distance entre les parois de la crevasse, il a pu toucher avec un bâton de cinq pieds de long la tête du cadavre au-dessous de lui. Il s'est fait hisser en haut tout de suite, parce qu'il se trouvoit dans une position extrêmement gênée, sans liberté d'aucun de ses membres. »

» On a harponné de nouveau sans rien rapporter que des lambeaux de vêtemens, et un chapeau. La nuit arrivoit, le temps étoit froid, les travailleurs mouillés. Il a fallu redescendre aux chalets de Villy. On y est arrivé vers dix heures du soir. »

» On y a consulté ensemble, et on s'est décidé a retourner sur le glacier, après s'être muni, aux chalets, de quelques pièces de bois et d'un renfort de cordes. Nous sommes partis de Villy au point du jour. Arrivés à l'ouverture, nous avons établi, en travers, une espèce de tour, au moyen duquel Déville le père s'est fait dévaler; il a été arrêté par le même obstacle qui avoit arrêté son fils, le rapprochement des parois. Il avoit descendu avec lui une hache à manche court, avec laquelle il a cherché à élargir le passage à côté du lieu où gisoit le cadavre, afin que les fragmens de glace ne le couvrissent pas. Il est descendu peu-à-peu jusques à la hauteur de sa ceinture; il a essayé , mais inutilement, de le remuer ; il étoit trop fortement serré entre les parois. Il a cherché à tailler la glace autour de lui, et a dégagé la partie supérieure du corps , assez pour pouvoir lui passer une corde sous les bras. Le cadavre étoit debout, les bras élevés à la hauteur de la tête, la face regardant sur l'épaule gauche. Il étoit gelé. »

» Déville a crié qu'on donnât un tour de corde pour voir si l'on pourroit soulever le cadavre , on n'a pu y réussir. Alors, il a continué à le dégager ; et ce n'a été qu'après trois heures de travail autour de lui avec la hache, qu'il y est enfin parvenu. Il s'est fait hisser le premier ; ensuite on a amené le cadavre ; il étoit cinq heures du soir. »

» On a fouillé de suite dans ses poches pour trouver et réunir tous ses effets ; et l'inventaire en est joint au présent verbal. On a fait un traîneau avec les pièces de bois et on l'a ainsi emmené hors du glacier. Les frères Déville l'ont ensuite porté tour-à-tour sur leurs épaules jusques aux chalets de Villy où l'on est arrivé à dix heures du soir. On l'a mis là sur un mulet ; et après une heure de repos ils sont repartis et arrivés à Servoz entre cinq et six heures du matin. Le fils cadet Bernard, excédé de fatigue est demeuré en arrière au chalet de Villy. »

Déville, lui-même, étoit rendu : et si l'on se fait une juste idée du genre de travail qu'il avoit eu à soutenir pendant plusieurs heures, dans l'étrange lieu où il étoit suspendu, et encore, après des marches longues et pénibles, on s'étonnera qu'il y ait résisté. Il ne voulut prendre de repos qu'après avoir assisté, avec nous et une compagnie assez nombreuse à laquelle nous étions réunis, aux obsèques du voyageur. Il fut spécialement chargé, par le Préfet, de faire élever provisoirement sur le lieu de la sépulture, une pyramide conservatrice.

La compression qu'avoit subie ce malheureux en arrivant par une chûte accélérée de plus de cent pieds, dans une crevasse dont les parois se rapprochoient en forme de coin, cette compression, dis-je, avoit été si forte, que sa montre s'étoit aplatie. On trouva sur lui 78 francs en numéraire, et le T. III *des Voyages dans les Alpes de*

(25)

De Saussure. Ceux de ses effets qui pou-
voient avoir quelque valeur furent laissés à
Déville, selon l'engagement qu'en avoit pris
Mr. Zimpssen ; et le Préfet se chargea de
faire parvenir les autres à sa famille. Nous
crumes devoir y joindre une touffe des che-
veux de cet intéressant jeune homme.

Dans son porte-feuille étoit une lettre
commencée, écrite en allemand, et destinée
à son père. Nous cédons à la tentation d'en
publier quelques fragmens : ils montrent un
esprit observateur et juste, et annoncent une
ame sensible. Que ce Père malheureux, que
ces Parens désolés, nous pardonnent. C'est la
part même que nous prenons à leur dou-
leur qui nous rend peut-être indiscrets en
publiant une lettre de leur fils; mais, nous
voudrions associer à leurs regrets tous nos
lecteurs ; nous voudrions qu'on apprît, par
tout où cet écrit parviendra, quel fils ces
Parens ont perdu, quelle espérance leur est
à jamais enlevée! (1)

____

(1) (Traduction Littérale.)

Vevey 2 Août 1800.

Vous voyez , mon bon père, par la date de ma
lettre, que j'ai entrepris un voyage. Vous voyez

Nous quittames Servoz peu de momens après la triste cérémonie, et nous arrivames à Genève à minuit, la tête et le cœur remplis des événemens du voyage.

—————————

aussi que ce voyage est l'un des plus beaux que l'on puisse desirer lorsqu'on est éloigné des objets nouveaux qui se développent à chaque instant ici sous mes yeux.

Je suis parti mardi de Rümlingen et mercredi de Berne ; et ce ne sera que dans 15 jours ou trois semaines que je reverrai mon domicile actuel, et que j'embrasserai mes chers et bien aimés élèves, mon Rüdy et ma Sophie. Il est inutile de vous dire que je voyage à pied ; et vous devinerez aussi que je voyage avec un ami ; car le cœur et l'esprit ne jouissent des aspects les plus beaux de la Nature qu'avec le sentiment qu'un être vivant sympathise avec nous. Tout ce qu'il y a de beau et de sublime doit, pour pénétrer intimément dans l'ame de l'homme, être réuni, avec les jouissances de l'amour et de l'amitié.....

.....A peine a-t-on touché le Canton de Fribourg que l'on perd de vue l'aisance, la civilisation, la culture, et les beautés naturelles qui distinguent celui de Berne ; et le contraste est douloureux. J'ai trouvé ici la confirmation de ce que j'avois pensé sur l'ancien Gouvernement de Berne, il y a long-temps. Quelque défectueux qu'il fût à beaucoup d'égards, il avoit

Déjà l'un des dangers que l'on court dans ces montagnes est suffisamment connu de mes lecteurs; mais il n'est pas le seul : et le simple énoncé des accidens qui y sont arrivés.

---

néanmoins sur le reste des Gouvernemens de la Suisse une supériorité incontestable. On y trouvoit plus d'humanité, plus de liberté civile, etc......

.... "Dans cet hermitage (près de Fribourg) vit actuellement un vieillard à longue barbe grise, qu'on appelle le *Frère des bois* (c'est le nom qu'on donne ici aux hermites.) Quoique passablement âgé il est encore très-vert. Il a servi long-temps comme officier dans un régiment Suisse au service d'Autriche. Nous fumes fort surpris, en montant vers lui, de le voir venir au devant de nous lentement au travers de la grande salle, non pas en habit d'hermite, mais en uniforme de hussard ; son petit manteau rouge ouvert, garni de pelisse, et ses culottes blanches, contrastoient avec sa barbe grise et longue. Il nous reçut très-bien ; nous parla français et allemand ; se plaignit beaucoup de la dépravation du monde actuel ; nous dit qu'il ne suffisoit pas de prier, qu'il falloit agir, e.c. — 'l se loua fort d'ailleurs de la tranquillité de sa vie ; sa demeure étant éloignée de toute agitation, et ses oreilles n'étant frappées d'aucun bruit si ce n'est de la chûte du torrent voisin et du chant des oiseaux. "

depuis peu d'années , va montrer d'autres risques qu'on y peut courir.

Un de nos compatriotes, jeune homme ardent et agile, s'étant exposé à parcourir sans guide et sans chaussure convenable, les pentes rapides et rocailleuses qui forment la base de l'aiguille des *Charmoz* du côté du glacier dit *des bois*, se précipita dans l'un de ces ravins et y perdit la vie.

Un jeune Zuricois, étant monté sur le roc isolé qui termine la montagne de Balme, au Nord et à peu de distance du col ou passage de ce nom qui conduit de Chamouni en Vallais, perdit la tête, ou fit un faux pas sur cette sommité, et arriva en lambeaux au bas du précipice.

Une famille Genevoise, qui étoit allé visiter la voûte de glace de l'Arvéron et qui s'y trouva dans le moment même où cette voûte s'enfonçoit par fragmens successifs, à la suite, dit-on, d'un coup de pistolet tiré mal-à-propos, eut l'imprudence de ne pas s'éloigner très-promptement , tandis que les glaces accumulées retenoient le torrent. La débacle eut lieu tout-à-coup : l'un des fils fut froissé à mort par les blocs roulans, et entraîné par les vagues : un autre fut grièvement blessé ; le père eut les deux jambes cassées et il n'échappa à la mort que par une espèce de miracle.

Tels sont pourtant les seuls événemens sinistres qui soient arrivés depuis long-temps, dans une contrée où les curieux, et quelquefois les étourdis, abordent en nombre. On peut croire qu'aucun de ces accidens n'auroit eu lieu si ceux qui en ont été victimes eussent écouté la prudence la plus ordinaire. Voici, à-peu-près, ce qu'elle dicte.

Qu'il y a fort peu de mérite et de gloire à exposer sa vie pour des prouesses, dans lesquelles le danseur de corde le plus ordinaire l'emportera toujours sur le voyageur, qui aura prétendu faire preuve de bonne tête ou d'agilité dans des tours de force plus ou moins périlleux.

Qu'il ne faut point entreprendre de parcourir les montagnes sans être conduit par un guide robuste, prudent, et expérimenté. Rien de plus trompeur, de plus traître, que ces facilités vues de loin, ces passages apparens, dans lesquels on s'engage peu-à-peu, sans songer que si l'on est finalement arrêté par la crainte, ou par l'impossibilité d'aller plus loin, cette même crainte double la difficulté de la retraite, parce qu'elle ôte le sang-froid nécessaire pour se tirer des mauvais pas. Il est possible, et je l'ai plus d'une fois éprouvé, de retrouver en partie ce sangfroid en se prescrivant de ne regarder que devant soi, et en cherchant à se figurer par un effort d'imagination, qu'on est simplement dans un grand chemin, et qu'on marche de pierre en pierre, ou le long du talus d'une haie, pour éviter de se mouiller les pieds.

Enfin, il faut donner aux avertissemens du guide la confiance la plus implicite. Une grande responsabilité pèse sur un homme de cette classe, quand il s'est chargé d'un voyageur. Un accident qui arriveroit par sa faute détruiroit sa réputation ; et de cette réputation dépend son état. Les guides sont donc intéressés par l'un des premiers motifs humains à donner de bons conseils ; et le voyageur doit y adhérer.

De ces précautions, que je pourrois appeler morales, je passe aux physiques.

La plus essentielle de toutes, est une chaussure convenable. On rencontre dans les Alpes trois sortes de pentes difficiles. Les rochers; les pentes de glace; et celles d'herbe,
qui deviennent plus glissantes que la glace
même quand la semelle du soulier s'est polie, comme cela arrive toujours en les parcourant. L'usage des crampons, soit au talon, comme les prescrit De Saussure, soit en
travers sous le pied, comme les emploient
quelques montagnards, assure jusqu'à un cer-
tain point la marche dans ces diverses pentes; mais, il faut les mettre et les ôter fréquemment parce qu'ils gênent plus ou moins
la démarche; et c'est là un assez grand inconvénient. Je me suis si bien trouvé de l'inven-
tion que je leur ai substituée que je n'hésite
point à la recommander aux amateurs.

On se fera faire de forts souliers dont la
semelle aît au moins 13 millimètres (6 lignes)
d'épaisseur, et dont l'empeigne et le quartier
soient doublés à une certaine hauteur autour
de la semelle. Il faut que l'empeigne soit
d'un cuir souple, et surtout qu'ils ne bles-
sent nulle part, et qu'ils aient été déjà por-

tés par essai dans de petites courses, lorsqu'on voudra en entreprendre une considérable. On fera préparer des cloux *d'acier trempé*, dont la queue soit a vis, et dont la tete, qui ne doit pas avoir moins d'un centimètre (4 lig. $\frac{1}{2}$) de diamètre, soit taillée en une pyramide quarrée, qui se trouve avoir deux pointes par l'effet de l'entaille pratiquée, à l'ordinaire, à la tête de la vis. On mettra douze de ces cloux à chaque soulier; savoir, sept autour de la plante du pied, répartis, à distances égales dans la moitié antérieure de la semelle, et cinq autour du talon, tous aussi près du bord du soulier qu'il sera possible, en laissant la prise nécessaire pour que le cuir n'échappe pas. On garnira l'intervalle d'un clou à l'autre, de cloux ordinaires en fer, à tête large, et assez serrés pour que leurs têtes se touchent toutes.

Cette chaussure donne au voyageur, le sentiment d'une sûreté parfaite dans tous les lieux difficiles ; elle mord sur le granit comme sur l'herbe ; elle n'incommode point dans la plaine ; et elle se conserve long-temps. Quand les têtes aciérées se sont émoussées on en est quitte pour

en

en substituer d'autres qu'on doit avoir en provision. Les premiers souliers de ce genre, que j'ai fait faire il y a plus de douze ans, et employés assez souvent dans cet intervalle, se sont trouvés encore d'un très-bon service cette année.

Un bâton ferré, de cinq à six pieds de long, est utile sur les glaciers, soit pour sonder les neiges perfides qui recouvrent des crevasses, soit pour assurer la marche sur la glace vive. On trouve à Chamouni ces bâtons tout préparés par les guides.

Lorsqu'on est appelé à monter long-temps, c'est un fort mauvais calcul que de vouloir presser la marche. On s'échauffe, on s'essouffle, et le repos plus long qu'on espère ainsi se procurer, ne profite point. Il faut mettre le guide devant, et prendre son pas, qui est mesuré et comme cadencé ; s'arrêter de temps en temps, sans s'asseoir, et sans se donner le temps de prendre froid. On monte, de ce train, environ deux cent toises de hauteur perpendiculaire par heure, et c'est assez. Il faut ôter son habit dès que la transpiration

C

commence, et le porter plié sur l'épaule; on modère ainsi la chaleur produite par la marche, et on retrouve, quand on s'arrète, le bénéfice d'un vêtement additionnel, sans en avoir eu l'incommodité. Et, en parlant de vêtement, il est très-essentiel, lorsqu'on part pour les glaciers, quelle que soit la chaleur qui règne dans la plaine, de se munir de précautions contre le froid, dont on ne prévoit guères qu'on pourra être appelé à éprouver l'inconvénient. C'est surtout aux Dames, à qui je recommande cette attention.

Ces conseils s'adressent plus ou moins directement à tous les voyageurs qui veulent parcourir les montagnes : j'ajouterai quelques mots pour ceux qui sont physiciens ou naturalistes, et pour les amateurs de lithologie en particulier. Ceux - ci ont fréquemment éprouvé l'inconvénient de n'avoir que leurs poches pour recueillir les échantillons des roches qu'ils détachent au marteau ; elles se remplissent bientôt, et fatiguent par leur balancement. Voici comment je les remplace, avec avantage.

A une ceinture de cuir assez large est

adapté, du côté gauche, un anneau de même matière, incliné, qui reçoit le manche de mon marteau, placé à-peu-près comme le poignard dans le costume Turc. De l'autre côté est une petite poche qui renferme un flacon d'acide dans un étui de bois, un briquet, etc. Cette ceinture forme le bord supérieur d'un tablier de cuir mince, qui, déployé, atteindroit le genou ; mais qui, relevé comme il l'est par un courant de chaque côté, forme devant moi une grande poche horizontale ouverte en dessus, et soutenue dans son milieu par une courroie en façon d'Y renversé, dont les deux branches sont cousues à la ceinture et embrassent le tablier par dessous ; la queue de l'Y remonte devant et vient se boucler à la bandoulière avec laquelle je porte mon baromètre. Les pierres que je mets dans cette poche, disposées comme elles le sont autour du centre de gravité du corps, et supportées en partie par les épaules, à cause de la courroie qui enveloppe le tablier, ne m'incommodent point ; je les ai toutes sous les yeux et sous la main, quand je veux substituer un échantillon à un autre ; et elles n'éprouvent pas les secousses et le frottement auquel elles sont exposées dans les poches.

A cette même ceinture, et par des crochets d'acier amovibles, sont suspendus, d'un côté un sextant de Ramsden de trois pouces de rayon, qui donne jusqu'aux minutes de degré ; instrument d'une commodité extrème pour observer les angles. De l'autre côté, un horizon artificiel, avec son niveau à bulle d'air, pour prendre les hauteurs. J'ai disposé la boîte de cet instrument de manière qu'elle me sert de planchette quand j'en ai besoin, supportée par une canne qui s'ouvre en façon de trépied ; qui sert aussi de support à mon baromètre ; et fait en même temps un excellent bâton de voyage, quand ses trois branches sont réunies.

Quoique l'ensemble de ces instrumens, joint à la quantité moyenne de pierres qu'on ramasse dans une journée, fasse un poids de plus de vingt livres, je m'en apperçois peu, à cause de son égale distribution ; et dans le dernier voyage alpestre que j'ai fait avec mon malheureux ami Dolomieu, il envioit mon sort ; quoique, loin d'être harnaché comme je l'étois, il n'eût à porter que son marteau et ses pierres.

Mais je me perds dans ces détails, qui touchent aux jouissances les plus vives que j'aie éprouvées, et réveillent les plus doux souvenirs. Il est temps de m'arrêter. Je ne quitterai cependant pas mes lecteurs disposés à visiter une fois les glaciers de Chamouni, sans leur donner les noms des guides qui méritent leur confiance. Je crois avoir parmi ces braves gens de véritables amis, et j'en fais gloire.

NOMS

Des principaux GUIDES du Canton de CHAMOUNI.

NOMS.	DEMEURES.
Jaques Balmat dit *le Mont-Blanc*,	aux Pélerins.
Pierre Balmat	aux Barraz.
Jaques Balmat dit *des Dames*	au Chef lieu.
Nicolas Balmat	idem.
J. Michel Cachat dit *le Géant* .	aux Plans.
J. Pierre Cachat dit *l'aiguille*	aux Praz.
Marie Carrier	Chef lieu.
Jos. Marie Chamel	à Valorsine.

Noms.	Demeures.
P. *Victor* Charlet	à Argentière.
Victor Charlet	au Chef lieu.
Germain Charlet	idem.
Jaques Claret	à Valorsine.
Jos. Marie Coutet	aux Favrans.
J. Jaques Coutet	à la Frasse.
Jaques Cupelin	à Moncuard.
Marie Déville	au Mont, près Servoz
François Pacard	au Chef lieu.
J. Nicolas Pacard	idem.
Michel Pacard	idem.
J. Michel Simon	aux Praz.
François Simon	à Moncuard.
Michel Terraz	Chef lieu.
Victor Terraz	idem.